Bibliothek für Lebenskünstler

Für den Fall...

DER NEUZEITLICHE HELFER IN
SCHWIERIGEN LEBENSLAGEN

WORT UND BILD

VON

LORIOT

DIOGENES

Alle Rechte vorbehalten
Copyright © 1960 by
Diogenes Verlag AG Zürich
120/82/10/8
ISBN 3 257 00671 3

INHALT

Vorwort 7

1. Kapitel »Gewöhnliches«

Für den Fall ...

daß Sie Ihr Wohnzimmer einrichten	10
daß das Wirtschaftsgeld nicht reicht	16
daß die Handwerker nicht kommen	20
daß Sie nicht mehr ganz nüchtern sind	22
daß es regnet	26
daß Ihnen zu warm ist	28
daß Ihre Gartenzwerge überwintern sollen	30
daß Sie Schädlinge im Garten haben	33
daß Sie zelten wollen	34
daß Sie eine Panne haben	38
daß Sie im Schlafwagen reisen	42
daß Sie eine Seereise antreten	44
daß Sie zu fliegen beabsichtigen	46
daß Sie nicht Skilaufen können	48
daß Sie Reiseandenken sammeln wollen	51
daß Sie ein Grundstück erwerben möchten	55
daß Sie einen Hund kaufen	58
daß Sie eine Liebeserklärung machen wollen	62

2. Kapitel »UNGEWÖHNLICHES«

Für den Fall...

daß Sie einen Ochsen geerbt haben	66
daß Sie auf eine einsame Insel verschlagen werden	70
daß Sie kein Fernsehgerät besitzen	72
daß Sie zaubern wollen	75
daß Sie einen Zwei-Kilo-Brillanten finden	78
daß Sie einen Zentauren besitzen	82
daß Sie sich verirrt haben	86
Sachregister	90

VORWORT

Verschiedene Herrschaften, die meine Ratgeber für ein formschönes und erfolgreiches Leben offensichtlich gelesen hatten, machten mich darauf aufmerksam, daß ich zwar an die Verfeinerung ungeschlachter Umgangsformen gedacht und sowohl private als auch berufliche Vervollkommnung im Auge gehabt, aber bisher versäumt habe, bestimmte Alltagsfragen zu beantworten, denen der Mensch von heute meist hilflos gegenübersteht. So stelle beispielsweise das fehlerhafte Überwintern sensibler Gartenzwerge immer wieder ein Problem dar, an dem nicht wenige Ehen vorzeitig gescheitert seien. Es war auch klar, daß es außer diesem recht gewöhnlichen Fall noch eine Reihe anderer Fragen geben müßte, die zwar weniger bekannt, aber nicht minder wichtig sein würden. Die Frucht dieser Überlegung und enger Zusammenarbeit mit zahllosen Hausfrauen, Arbeitern, Angestellten, Offizieren, Beamten, Pädagogen, Medizinern, Politikern und vielen Persönlich-

keiten des geistigen und kulturellen Lebens ist das vorliegende Werk.

Es gehört in die Hände beiderlei Geschlechts. Ich möchte sagen, in die Hände aller Hausfrauen, Arbeiter, Angestellten, Offiziere, Beamten, Pädagogen, Mediziner, Politiker und aller Persönlichkeiten des geistigen und kulturellen Lebens. Unbeantwortet ließ ich Fragen anstößiger oder krimineller Natur. Auf diesem Gebiet ist heute jedes Kind ausreichend unterrichtet.

Ich danke insbesondere der Illustrierten Quick *für ihre freundliche Unterstützung.*

Gauting, im Frühjahr 1960

LORIOT

I

GE-
WÖHN-
LICHES

*

... daß Sie Ihr Wohnzimmer einrichten

Moderne Menschen richten sich zeitgemäß ein. Aparte Dekorationsstoffe vermitteln ihnen das Gefühl behaglicher Nestwärme. Merke: *Die Wohnung sei der Spiegel Ihres Inneren.*

Kenner erzielen oft erstaunliche Wirkungen durch die geschmackvolle Kombination von antikem und neuzeitlichem Mobiliar.

Der tief im deutschen Menschen verwurzelte Hang zu stilvoller Gediegenheit zeigt sich von Tag zu Tag mehr im Anschwellen der Antiquitätenwelle. An Hand einiger Beispiele möchte ich Ihnen jene Sicherheit im Umgang mit alten Möbeln vermitteln, die Sie dringend benötigen, wenn Sie gesellschaftlich weiterhin eine Rolle spielen wollen.

Diese original-frühgotische Bettstatt stammt aus dem Familienbesitz eines flämischen Grafengeschlechtes. Kleine Ungelegenheiten wird man im köstlichen Bewußtsein stilreiner Nachtruhe gern in Kauf nehmen.

Als einmalig günstige Gelegenheit ist der Erwerb dieser fünf antiken Karussellpferdchen (DM 4800.—) anzusehen. Der bisher karge Raum erhielt eine persönliche Note und die Atmosphäre kultivierter Gastlichkeit.

Die rasch um sich greifende Liebe zum Stilmöbel macht eine Warnung vor übereilten Ankäufen nötig. Das abgebildete Motorrad aus dem italienischen Spätbarock erwies sich nach eingehender Begutachtung als geschickte Fälschung.

Glück gehabt hat das Ehepaar Szislawczik in Kiel: Es erwischte eine Haushaltshilfe aus dem Biedermeier (ca. 1810—1835). Das Mädchen zählt jetzt 149 Jahre, paßt glänzend zu einer Kommode gleichen Alters und erzählt hin und wieder entzückende Anekdoten aus den Befreiungskriegen.

... daß das Wirtschaftsgeld nicht reicht

Allein auf dem Gebiete der Werbung liegen ebenso vielfältige wie reizvolle Möglichkeiten regelmäßiger Nebeneinnahmen. Kein fortschrittlicher Ehegatte wird sich Ihrem Wunsche verschließen. Merke: *Auch Hausfrauen dürfen über ihren Körper frei verfügen.*

Familien, die bereit sind, sich räumlich ein wenig einzuschränken, können durch Vermietung an Studenten pro Zimmer 250 DM und mehr einnehmen und sich dadurch den angestrebten Wohlstand sichern.

Durch Verkauf ihres Haupthaares haben sich schon viele Damen langgehegte Wünsche erfüllen können (Pfeil), die ihrem Äußeren jene kostbare Vollendung verleihen, die man als Hauch der großen Welt bezeichnet.

Sehr selbständige Hausfrauen verstehen sich auf die Zubereitung von Bargeld in Hausmacherart. Diese Methode ist behördlicherseits jedoch umstritten. Merke: *Vorsicht bei der Herstellung von 30-DM-Scheinen, da Absatzschwierigkeiten.*

... daß die Handwerker nicht kommen

Kleinere Arbeiten, die keine Fachkenntnisse
voraussetzen, verrichten Sie am besten selbst,
ehe der Schaden größer wird.

In schwierigen Fällen mittags schlafen (zwischen 2 und 3), und schon wird jede erwünschte Reparatur unter Zuhilfenahme modernster Werkzeuge (Preßlufthammer, Motorsäge, Dampframme usw.) präzise ausgeführt.

... daß Sie nicht mehr ganz nüchtern sind

Der Eindruck, Sie seien betrunken, ist durch das Vorführen kleiner Geschicklichkeits-Übungen leicht zu verwischen.

Sollten Sie bedenklich an Form verlieren, finden Sie in jedem gepflegten Haushalt geeignete Geräte für eine ebenso gründliche wie diskrete Erfrischung.

Bei Gleichgewichtsstörungen waagerecht liegen. Nach ein, zwei Stunden fühlen Sie sich wie neugeboren.

Falls Sie im Zustand der Volltrunkenheit weder sehen noch hören, sprechen oder gehen können, empfiehlt es sich, den Heimweg anzutreten. Merke: *Je schneller, desto besser!*

... daß es regnet

Warmer Platzregen verhilft zu beliebten modischen Effekten. In wenigen Minuten sitzt Ihre Garderobe mit der erwünschten sommerlichen Knappheit.

Eine kleidsame Plastic-Hülle (Pfeil) garantiert auch bei ungünstiger Witterung von längerer Dauer Farbe und Form ihres empfindlichen Velour-Hutes.

... daß Ihnen zu warm ist

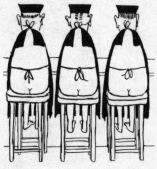

Der Entschluß des oben sitzenden Schwurgerichts wird in berufstätigen Kreisen als ebenso kühn wie richtungweisend angesehen.

Bei extremer Hitze-Entwicklung im eigenen Heim kleine Eisstückchen *langsam* im Munde zergehen lassen.

... daß Ihre Gartenzwerge überwintern sollen

A IN DER WOHNUNG
Anfällige oder sehr zarte Gartenzwerge lieben während der kalten Jahreszeit gleichmäßige Bettwärme. Merke: *Für lesende Gartenzwerge Licht anlassen!*

B DRAUSSEN
Im Schutze kleidsamer Strickgarnituren werden Ihre kleinen Lieblinge auch bei scharfem Frost immer auf dem Posten bleiben. Wenn Sie eine Überraschung planen, ist die richtige Paßform mit Hilfe Ihres Gatten (Pfeil) leicht zu ermitteln.

C IM KELLER
Vorsicht mit Lebensmitteln: Zwei Gartenzwerge aus Mülheim (Ruhr) bei achtloser Unterbringung im Kartoffelkeller Oktober 1958 (1) und etwa drei Wochen später (2). Merke: *Korpulente Gartenzwerge sind keine Zierde für deutsche Grünanlagen.*

... daß Sie Schädlinge im Garten haben

Nach Anwendung einer Blockflöte (A) ist ihr Garten überraschend schnell von unappetitlichen Nagern befreit (B). Darunter ein erprobtes Mittel bei gleichzeitigem Auftreten von Blattläusen, Engerlingen, Schnecken, Ameisen, Wühlmäusen, Milben und Maulwürfen.

... daß Sie zelten wollen

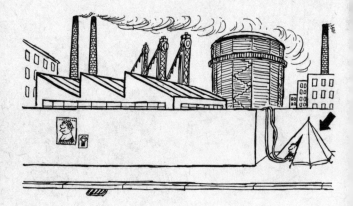

Ungewohnte Umgebung und günstige Lage zur Wasser- und Stromversorgung kennzeichnen den Zeltplatz des erfahrenen Camping-Freundes (Pfeil).

Durch enge Beziehungen zur Landwirtschaft werden Sie in kurzer Zeit jenen Tagesrhythmus liebenlernen, dem Sie als naturentfremdeter Großstädter bisher ablehnend gegenüberstanden.

Auch Kulturmenschen bietet sich die Möglichkeit erdnaher Erholung. Die Mitnahme vertrauter Kleinigkeiten macht das Zeltinnere wohnlich und vermittelt echte Urlaubsstimmung statt primitiven Naturgenusses.

Der Kavalier steht auf, wenn eine Dame das Zelt betritt. Diese einfache Geste der Höflichkeit wird heute oft unter fadenscheinigen Gründen außer acht gelassen.

... daß Sie eine Panne haben

Damen bedienen sich anläßlich schwieriger Reparaturen natürlicher Hilfsmittel (A), die bei Herren jedoch nur in Ausnahmefällen Erfolg versprechen (B).

Neue Fahrzeuge weisen mitunter anfänglich kleine Fertigungsmängel auf, welche die Freude am Automobil beeinträchtigen können. Tempo verringern und Mitfahrende durch ein Scherzwort beruhigen.

Eigenwilliges Verhalten hochgezüchteter Motoren ist noch nicht als Panne zu bezeichnen. Ruhig durchatmen und vorsichtig zur Landung ansetzen. Merke: *Über Ortschaften nicht schneller als fünfzig fliegen.*

Alle fünfzig Kilometer ist eine gründliche Durchsicht der Maschine ratsam, wenn Sie Unannehmlichkeiten vermeiden und zügig vorankommen wollen. Merke: *Geschwindigkeit ist keine Hexerei.*

... daß Sie im Schlafwagen reisen

Rechtzeitige Vorbereitung auf die Nacht beschleunigt die Arbeit des überlasteten Schlafwagen-Personals.

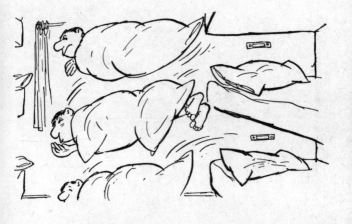

Unzweckmäßig ist das Verlassen des Bettes bei plötzlichem Halt auf freier Strecke. Merke: *Ruhe bewahren und weiterschlafen.*

... daß Sie eine Seereise antreten

An schönen Tagen bietet das Füttern von Möwen eine willkommene Abwechslung. Immer wieder sind die spaßigen Vögel Grund zu ausgelassener Fröhlichkeit.

Oft rufen kleine Zwischenfälle allgemeine Verstimmung unter den Seereisenden hervor. Wer die Dinge von der heiteren Seite sieht, hat mehr davon.

... daß Sie zu fliegen beabsichtigen

Auch ängstliche oder besonders wertvolle Fluggäste können in den vollen Genuß einer Luftreise kommen. Pilot und Bodenpersonal sind gern bereit, beim Mitführen privater Sicherheitsvorrichtungen behilflich zu sein.

Das Auf- und Abspringen alter oder gebrechlicher Flugreisender während der Fahrt ist im Luftverkehr nicht gern gesehen. Im übrigen gilt für vorzeitiges Aussteigen: Rechte Hand am rechten Griff.

... daß Sie nicht Skilaufen können

Heute ist der Aufenthalt im Wintersportparadies nicht mehr das Vorrecht begüteter Kreise. Die Piste gehört dem Volk. Ich nehme diese begrüßenswerte Tatsache zum Anlaß, die Vielzahl noch unerfahrener Wintersportler mit einigen Elementarbegriffen des Skifahrens vertraut zu machen.

DER KREUZSCHRITT ist die Grundhaltung zielstrebiger Pistenjäger. Er schult das Stehvermögen und besticht, richtig ausgeführt, durch scheinbar mühelose Eleganz.

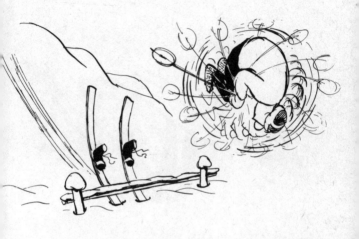

DAS RIESENRAD dient zum Nehmen kleinerer Hindernisse und vermittelt den Eindruck ungezügelter Lebensfreude.

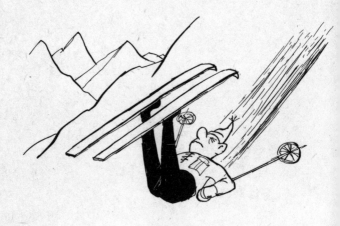

DIE SCHONFAHRT gewährleistet eine nahezu unbegrenzte Haltbarkeit der auf die Bretter aufgetragenen Wachsschicht. Noch nach Jahrzehnten sind Ihre Skier wie neu.

... daß Sie Reiseandenken sammeln wollen

Kleidsame Plaketten und Kofferkleber in künstlerischer Ausführung verleihen Ihnen das Fluidum weltmännischer Reise-Erfahrung.

Bei engem Kontakt zur einheimischen Bevölkerung (A) können Sie ebenso farbenfrohe wie preiswerte Andenken mit nach Hause nehmen (B).

Durch sorgfältige Auswahl und geschickte Placierung seltener Erinnerungsstücke gestaltet sich ein Heim zum faszinierenden Mittelpunkt kultivierter Geselligkeit. Der abgebildete Herr M. Sch. verbringt seinen Urlaub alljährlich in einer westeuropäischen Hauptstadt, auf deren Namen ich mich nicht mehr besinne.

Fotografische Aufnahmen vermitteln den besten Eindruck froher Ferientage. Die obenstehenden Beispiele zeichnen sich, bei kleinen technischen Schwächen, durch besondere Lebensnähe aus: Fräulein Gertrud B. mit einem Bekannten in Neapel (Abb. 1 und 2), bei der Besichtigung eines unterirdischen byzantinischen Gewölbes (3) und — mit neuem Badeanzug — beim Wattlaufen in Cuxhaven (4).

... daß Sie ein Grundstück erwerben möchten

Grundstückskauf ist keine Frage des Einkommens. Auch für Sie ist der Betrag von DM 80,— für einen Quadratmeter in vornehmer Villengegend erschwinglich (A). Sollten Sie jedoch mehr Auslauf benötigen, bietet sich Ihnen zum selben Preis etwas außerhalb das erwünschte großzügige Objekt (B).

Unbefriedigt zeigt sich Herr P. Neugebauer nach Ankauf eines verkehrsgünstig gelegenen Grundstücks bei Hamburg: Das Überschreiten des Bahnkörpers ist auch Anliegern nicht gestattet.

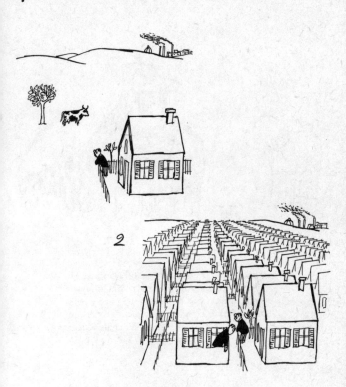

Der Kenner wählt seinen Baugrund in stillem Vorstadtgebiet (1). Nach kurzer Zeit verbindet ihn die Liebe zur Natur mit vielen Gleichgesinnten (2), die aus der lärmenden Großstadt in ländliche Ursprünglichkeit zurückgefunden haben.

... daß Sie einen Hund kaufen

Hundekauf ist Vertrauenssache. Sollten Sie diese oder ähnliche Tiere als Hunde erwerben, müssen Sie mit Enttäuschungen rechnen. Merke: Hunde sollten nicht größer sein als Sofas, aber auch nicht kleiner als Rasierpinsel.

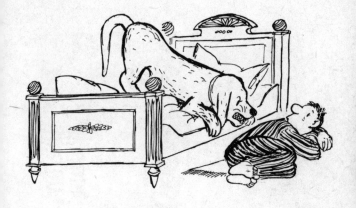

Ausreichende Nachtruhe gewährleistet jugendfrisches Aussehen auch für ältere Hunde. Die Frage des Plätzchens löst sich zwanglos am ersten Abend.

Hunde sind dankbar. Exemplare der Spitzenklasse werden auch in Augenblicken der Gefahr ihre gute Erziehung nicht vergessen.

Hunde haben spaßige Einfälle, die von humorlosen Straßenpassanten oft mißverstanden werden. Halblaut »Pfui« rufen und beruhigend den Kopf streicheln (dem Hund).

... daß Sie eine Liebeserklärung machen wollen

Liebeserklärungen auf offener Straße erfordern sorgfältige Platzwahl, wenn dem leise gehauchten »Du« der angestrebte Erfolg nicht versagt bleiben soll.

Auch erfolggewohnte Herren übersehen gelegentlich kleine, aber wichtige Umstände, die eine Liebeserklärung nicht ratsam erscheinen lassen.

... daß Sie einen Ochsen geerbt haben

Auch durch sorgfältige Erziehung werden Sie das Tier nie ganz zu Ihresgleichen machen können, doch empfehlen wir, es an gewisse gesellschaftliche Formen zu gewöhnen. Vom Besuch der höheren Schule ist abzuraten.

Der neue Kamerad erweist sich bei Ritten durch die Innenstadt als geschickter Parkraumnutzer. Schwierigkeiten mit der Polizei sind nicht zu befürchten, da jeder Ochse am Straßenverkehr teilnehmen darf.

Peinliche Sauberkeit ist oberstes Gebot für jeden Viehhalter. Schnell liebt das Tier ihr Wohnzimmer, wenn Sie es täglich ausmisten.

Falls sich der Ochse Ihrem Familienleben nicht anzupassen vermag, ist er auch in kleine handliche Teile zerlegbar und vielseitig zu verwenden.

... daß Sie auf eine einsame Insel verschlagen werden

Schiffbrüchige, die sich in finanziellen Schwierigkeiten befinden, können mit etwas geschäftlichem Fingerspitzengefühl in wenigen Jahren eine gesicherte Existenz aufbauen.

Am leichtesten fällt dem Naturfreund die unerwartete Situation. Für ihn gilt die Devise: Natur ist überall schön!

... daß Sie kein Fernsehgerät besitzen

Bescheidenen familiären Ansprüchen genügt eine einfache Laubsägearbeit, die auf ebenso originelle wie eindringliche Weise ein kurzweiliges Abendprogramm vermittelt.

Bewohner von Mehrfamilien-Häusern können sich durch eine preiswerte bauliche Veränderung ein ganztägiges Programm ermöglichen, das in bezug auf Fernseh-Unterhaltung höchsten Ansprüchen genügt.

In vielen Fällen ersetzt schon eine Waschmaschine die technischen Feinheiten neuzeitlichen Fernseh-Stils, wobei sich in bequemer Form das Angenehme mit dem Nützlichen verbindet.

... daß Sie zaubern wollen

Ein beliebter Salontrick, zu dem Sie keinerlei Vorkenntnisse benötigen. Um Unannehmlichkeiten zu vermeiden, empfiehlt es sich jedoch, das Einverständnis der betreffenden Dame und eine Genehmigung der Mordkommission einzuholen. Merke: *Nur saubere Säge verwenden.*

Schwierige Experimente unter Verwendung von Zuschauern sollten nur mit perfekten Sachkenntnissen begonnen werden. Das Vergessen wichtiger magischer Formeln wird von den Betroffenen nicht als unterhaltsam empfunden.

Kluge Hausherren krönen ihre Darbietungen durch das Verschwindenlassen von Uhren und Schmuck (Pfeil). Auf diese Weise wird sich der Abend für Ihre Gäste zu einem unvergeßlichen Erlebnis gestalten.

... daß Sie einen Zwei-Kilo-Brillanten finden

Durch die Zungenprobe erhalten Sie die erwünschte Gewißheit über den Wert Ihres Fundes. Merke: *Echte Brillanten lassen sich nur selten im Munde zerkleinern.*

Damen vornehmer Lebensart tragen Schmuckstücke von so ungewöhnlicher Kostbarkeit nicht aufdringlich zur Schau. Auch schlichtes Verbergen ermöglicht reizvolle Wirkung.

Der Besitz des unersetzlichen Kleinods verlangt gewisse Eingriffe auf privatem Gebiet, die von vielen Ehepaaren jedoch als angenehme Lösung begrüßt werden.

Dieser kühne Entschluß erspart Ihnen allen Ärger mit dem ungewohnten Millionen-Objekt. (Oder schicken Sie es per Post direkt an: Loriot, München, Brienner Straße 46.)
Merke: *Nur Armut macht glücklich.*

... daß Sie einen Zentauren besitzen

Zentauren sind leicht zu verletzen. Durch Fehler beim Servieren kann man sich die Zuneigung dieser gutmütigen, doch sensiblen Freunde des Menschen leicht für immer verscherzen.

Jüngere Zentauren lassen häufig die nötige Reife vermissen (Bild). Ausgedehnte Erziehungsritte in scharfem Trab, aber auch Entspannung bei guter Lektüre und häuslichem Musizieren beruhigen die menschliche wie die tierische Hälfte Ihres vielseitigen Lieblings.

Der bequeme Zentaur (A) benötigt in öffentlichen Verkehrsmitteln zwei Fahrtausweise. Als Reisender mit Traglasten (B) hat er Anspruch auf den Normaltarif. (Dasselbe gilt für Zentauren im Militärdienst oder unter vier Jahren.)

Weibliche Zentauren sind bisher unbekannt. Bei Auftreten derselben handelt es sich um Fälschungen oder Damen, die sich nur interessant machen wollen.

... daß Sie sich verirrt haben

Falls Sie in verantwortlicher Stellung Ihrem eigenen Orientierungssinn nicht trauen, werden Ihnen Einheimische gern jede gewünschte Auskunft erteilen.

In dieser oder ähnlicher Lage leicht in den Arm kneifen. Wenn Sie nicht sofort aufwachen, Party unauffällig verlassen, auch wenn es grade sehr nett sein sollte.

Sparsame Vegetation und geringer Auslauf lassen vermuten, daß Sie auf einen (unbedeutenden) Himmelskörper geraten sind. Machen Sie es sich recht bequem, da Sie mit einem Aufenthalt von mehreren Millionen Jahren rechnen müssen.

SACHREGISTER

Ameisen	33
Atmosphäre, kultivierte	13
Aufnahmen, fotografische	54
Bettstatt, frühgotische	12
Befreiungskriege	15
Bevölkerung, einheimische	52
Bewußtsein, köstliches	12
Biedermeier	15
Blattläuse	33
Blockflöte	33
Brillanten, echte	78
Cuxhaven	54
Dampframme	21
Effekte, modische	26
Elementarbegriff	48
Engerlinge	33
Erfrischung, diskrete	23
Erholung, erdnahe	36
Erlebnis, unvergeßliches	77
Experimente, schwierige	76
Fernsehstil, neuzeitlicher	74
Fertigungsmängel	39
Fingerspitzengefühl	70
Flugreisende, gebrechliche	47
Gartenzwerge, korpulente	32
Gediegenheit, stilvolle	12
Geschicklichkeitsübungen	22
Gründe, fadenscheinige	37
Haltbarkeit, unbegrenzte	50
Hälfte, tierische	83
Himmelskörper	88
Innenstadt	67
Jahreszeit, kalte	30
Karussellpferdchen	13
Kleinigkeiten, vertraute	36
Kleinod	80
Knappheit, sommerliche	26
Kofferkleber	51
Kreuzschritt	48
Laubsägearbeit	72
Liebeserklärung	62/63
Maulwürfe	33
Methode	19
Milben	33
Mittelpunkt, faszinierender	53
Mobiliar, neuzeitliches	11
Motoren, hochgezüchtete	40
Motorsäge	21
Mordkommission	75
M. Sch., Herr	53
Mülheim (Ruhr)	32
Nachtruhe, stilreine	12
Nager, unappetitliche	33
Naturgenuß, primitiver	36
Neapel	54
Nebeneinnahmen, regelmäßige	16
Nestwärme, behagliche	10
Neugebauer, Herr	56
Ochse	66
Parkraumnutzer, geschickter	67
Placierung	53
Plaketten	51
Plastikhülle, kleidsame	27

Platzregen, warmer	26	Strickgarnituren	30
Preßlufthammer	21	Szislawczik	15
Programm, ganztägiges	73	Tatsache, begrüßenswerte	48
Rasierpinsel	58	Unannehmlichkeiten	41/75
Reparaturen, schwierige	38	Unterbringung, achtlose	32
Riesenrad	49	Ursprünglichkeit, ländliche	57
Salontrick, beliebter	75	Vegetation, sparsame	88
Säge, saubere	75	Velourhut	27
Seereisende	45	Verstimmung, allgemeine	45
Scherzwort	39	Volltrunkenheit	25
Schnecken	33	Vögel, spaßige	44
Schonfahrt	50	Wachsschicht	50
Schlafwagen-Personal	42	Wettlaufen	54
Schule, höhere	66	Wohlstand, angestrebter	17
Schwächen, technische	54	Wühlmäuse	33
Schwierigkeiten, finanzielle	70	Zentauren, weibliche	85
Spätbarock	14	Zuneigung	82
Spitzenklasse	60	Zungenprobe	78
Straßenpassanten, humorlose	61		

Loriots Werke
im Diogenes Verlag

Loriots Dramatische Werke
Texte und Bilder aus sämtlichen Fernsehsendungen von Loriot

Loriots Wum und Wendelin
Meinungen und Taten von Deutschlands populärstem Hund und seinem lieben Freund

Loriots Großer Ratgeber
500 Abbildungen und erläuternde Texte geben Auskunft über alle Wechselfälle des Lebens

Loriots Heile Welt
Neue gesammelte Texte und Zeichnungen zu brennenden Fragen der Zeit

Wum und Wendelin erzählen Euch was
Eine Auswahl für Kinder aus ›Loriots Wum und Wendelin‹.
kinder-detebe 25027

Loriots Kleine Prosa
Mit vielen Zeichnungen des Verfassers.
detebe 20013

Loriots Tagebuch
Zeitgeschehen von Meisterhand.
detebe 20114

Loriots Kleiner Ratgeber
Korrektes Verhalten in allen Lebenslagen.
detebe 20161

Loriots Kommentare
zu Politik, Wirtschaft, Kultur und Sport.
detebe 20544

Herzliche Glückwünsche
Ein umweltfreundliches Erzeugnis.
detebe 20943

Der gute Ton
Das Handbuch feiner Lebensart.
detebe 20934

Für den Fall . . .
Der neuzeitliche Helfer in schwierigen Lebenslagen. detebe 20937

Der Weg zum Erfolg.
Ein erschöpfender Ratgeber.
detebe 20935

Auf den Hund gekommen
44 lieblose Zeichnungen mit einem Geleitwort von Wolfgang Hildesheimer.
detebe 20933

Umgang mit Tieren
Das einzige Nachschlagewerk seiner Art.
detebe 20938

Wahre Geschichten
erlogen vom Verfasser. detebe 20936

Der gute Geschmack
Erlesene Rezepte für Küche und Karriere.
detebe 20940

Nimm's leicht!
Eine ebenso ernsthafte wie nützliche Betrachtung. detebe 20939

Neue Lebenskunst
in Wort und Bild. detebe 20941

Menschen, die man nicht vergißt
Achtzehn beispielhafte Bildergeschichten.
detebe 20942

Loriots mini Ratgeber
Im mini-Format passend für jede Lebenslage und jede Tasche. mini-detebe 79036

Loriots ganz kleine heile Welt
Ein Westentaschen-Almanach.
mini-detebe 790372

Von Loriot illustriert:
Kinder für Anfänger
Kein Leitfaden von R. G. E. Lempp.
detebe 20667

Eltern für Anfänger
Eine Verständnishilfe von R. G. E. Lempp.
detebe 20668

Diogenes
Grafik Taschenbücher

● **Alfred Andersch**
Einige Zeichnungen
Grafische Thesen am Beispiel einer Künstlerin. Mit Zeichnungen von Gisela Andersch.
detebe 20399

● **Bosc**
Love and Order
Zeichnungen über Krieg und Frieden.
detebe 20066

● **Wilhelm Busch**
Studienausgabe in 7 Einzelbänden:
Gedichte – Max und Moritz – Die fromme Helene – Tobias Knopp – Hans Huckebein / Fipps der Affe / Plisch und Plum – Balduin Bählamm / Maler Klecksel – Prosa
detebe 20107–20113

Das Wilhelm Busch Bilder- und Lesebuch
Herausgegeben von Gerd Haffmans.
detebe 20391

● **Chaval**
Zum Lachen
Gesammelte Cartoons I. detebe 20154

Zum Heulen
Gesammelte Cartoons II. detebe 20155

Hochbegabter Mann, befähigt, durch die bloße Erdumdrehung einen Eindruck von Geschwindigkeit zu empfinden.
Gesammelte Cartoons III. detebe 20156

● **Cherchez la femme**
Die Liebe im Spiegel der großen Karikaturisten von Bosc bis Ungerer. detebe 20946

● **Paul Flora**
Trauerflora
Idyllen. Mit einem Vorwort von Friedrich Dürrenmatt. detebe 20090

Vivat Vamp!
Ein Fotobuch zum Lob des Vamps von Mae West bis Marilyn Monroe. Mit gezeichneten Kommentaren von Paul Flora. detebe 20120

● **Edward Gorey**
Das jüngst entjungferte Mädchen
Ratschläge von Hyacinthe Phypps, verdeutscht von Urs Widmer. detebe 20228

Augenblicke aus dem Leben großer Geister
Festgehalten in Wort und Bild. Parodien von Howard Moss. Verdeutscht von Jörg Drews.
detebe 20357

● **Loriot**
Kleine Prosa
Mit vielen Zeichnungen des Verfassers.
detebe 20013

Tagebuch
Zeitgeschehen von Meisterhand.
detebe 20114

Kleiner Ratgeber
Entscheidende Abbildungen und Texte.
detebe 20161

Kommentare
zu Politik, Wirtschaft, Kultur und Sport.
detebe 20544

Herzliche Glückwünsche
Ein umweltfreundliches Erzeugnis.
detebe 20943

Der gute Ton
Ein Handbuch feiner Lebensart.
detebe 20934

Für den Fall ...
Der neuzeitliche Helfer in schwierigen Lebenslagen. detebe 20937

Der Weg zum Erfolg
Ein erschöpfender Ratgeber. detebe 20935

Auf den Hund gekommen
44 lieblose Zeichnungen mit einem Geleitwort von Wolfgang Hildesheimer.
detebe 20944

Umgang mit Tieren
Das einzige Nachschlagewerk seiner Art.
detebe 20938

Wahre Geschichten
erlogen vom Verfasser. detebe 20936

Der gute Geschmack
Erlesene Rezepte für Küche und Karriere.
detebe 20940

Nimm's leicht!
Eine ebenso ernsthafte wie nützliche Betrachtung. detebe 20939

Neue Lebenskunst
in Wort und Bild. detebe 20941

Menschen, die man nicht vergißt
Achtzehn beispielhafte Bildergeschichten.
detebe 20942

● **Roger Price**
Der kleine Psychologe
Sämtliche Drudel. detebe 20198

● **Ronald Searle**
Weil noch das Lämpchen glüht
99 boshafte Zeichnungen. Gerechtfertigt durch Friedrich Dürrenmatt. detebe 20014

● **Sempé**
Konsumgesellschaft
Zivilisationszeichnungen. detebe 20056

Volltreffer
Erste Zeichnungen. detebe 20169

Umso schlimmer
Frühe Zeichnungen. detebe 20543

Wie verführe ich die Männer?
detebe 20947

Wie verführe ich die Frauen?
detebe 20948

Wie sag ich's meinen Kindern?
detebe 20949

● **Siné**
Katzenjammer
Katzen-Cartoons. detebe 20215

● **Tomi Ungerer**
Der erfolgreiche Geschäftsmann
Ein Stundenbuch für Manager.
detebe 20288

Spiegelmensch
Ein neues deutsches Wintermärchen.
detebe 20094

Das Kamasutra der Frösche
Ein bunter Leitfaden. detebe 20891

● **Marcel Vertes**
Alles nur psychisch
Ein Buch über Freud und Leid.
detebe 20928

● **Reiner Zimnik**
Geschichten vom Lektro
detebe 20671

Neue Geschichten vom Lektro
detebe 20672

Sebastian Gsangl
detebe 20694